KARL ZEIDLER

Verwaltungsrecht im demokratischen Rechtsstaat

Professor Dr. Karl Zeidler
∗ 2. 9. 1923   † 26. 9. 1962

Verwaltungsrecht im demokratischen Rechtsstaat

Von

Prof. Dr. Karl Zeidler

DUNCKER & HUMBLOT · BERLIN

Diese Veröffentlichung ist ein Sonderdruck aus:
Der Staat 1. Band 1962 Heft 3

Alle Rechte vorbehalten
© 1963 Duncker & Humblot, Berlin
Gedruckt 1963 bei Berliner Buchdruckerei Union GmbH., Berlin 61
Printed in Germany

I.

Allgemein bekannt ist der Satz von Otto *Mayer:* „Verfassungsrecht vergeht, Verwaltungsrecht besteht"[1]. Will man die Entwicklung nach 1949 vereinfachend auf einen Generalnenner bringen, dann scheint er mir in der Negation dieses Satzes von Otto *Mayer* gefunden zu sein. Fritz *Werner* hat dieser These folgenden Satz entgegengestellt: „Verwaltungsrecht ist konkretisiertes Verfassungsrecht"[2]. Die Affinität beider Rechtsgebiete ist die Markierung für den zu beschreitenden Weg.

So ist das Verwaltungsorganisationsrecht weitgehend festgelegt durch die Etablierung des Bundesstaates. Hätte sich das GG zum Zentralstaat bekannt, wäre das Bild des Verwaltungsrechts und dessen praktische Handhabung anders ausgefallen. Ich verweise auf die Probleme, die heute unter dem Stichwort „Gemeinschaftsaufgaben von Bund und Ländern" behandelt werden[3]. Man denke an die Errichtung einer Anstalt des öffentlichen Rechts zur Durchführung des sog. Zweiten Fernsehprogramms. Ein bisher in dieser Form einzigartiger Vorgang, der neben verfassungsrechtlichen Bedenken nicht minder verwaltungsrechtliche Fragen eigener Art aufweist, von denen nur die Frage der Staatsaufsicht erwähnt sei[4].

Anmerkung: Die Abhandlung war Gegenstand meiner Freiburger Antrittsvorlesung im November 1961. Sie wurde um einige Anmerkungen ergänzt.

Anliegen der Ausführungen ist die Skizzierung der Entwicklung im vergangenen Jahrzehnt. Bei der Spannweite steht das Thema unter dem Gesetz der Auswahl.

[1] Otto *Mayer,* Deutsches Verwaltungsrecht, I. Bd., 3. Aufl., 1923 (Neudruck 1961), Vorwort.

[2] Verwaltungsrecht als konkretisiertes Verfassungsrecht, DVBl., 1959, S. 527 ff.

[3] Vgl. Bd. 11 der Schriftenreihe der Hochschule Speyer, „Gemeinschaftsaufgaben zwischen Bund, Ländern und Gemeinden", 1961; Konrad *Hesse,* Der unitarische Bundesstaat, 1962; *Kölble,* „Gemeinschaftsaufgaben" der Länder und ihre Grenzen, NJW, 1962, S. 1081 ff., mit weiteren Nachweisen.

[4] Staatsvertrag über die Errichtung der Anstalt des öffentlichen Rechts „Zweites Deutsches Fernsehen" vom 6. Juni 1961; vgl. dazu meine Kritik, in „Gedanken zum Fernseh-Urteil des Bundesverfassungsgerichts", AöR, 86, 1961, S. 361 ff. (395 f.); *Köttgen,* Der Einfluß des Bundes auf die deutsche Verwaltung und die Organisation der bundeseigenen Verwaltung, JöR, N. F. 3, 1954, S. 67 ff. (144 ff.).

Die Verfassungsentscheidung für den umfassenden Rechtsschutz war vielleicht die folgenschwerste in der Geschichte des modernen deutschen Verwaltungsrechts überhaupt. Sie hat den Bedeutungswandel so bekannter Institute wie des besonderen Gewaltenverhältnisses[5] oder des Ermessens[6] oder des Planes[7] ausgelöst[8]. Sie ist auch ursächlich für das gespannte Verhältnis zwischen Verwaltung und Gerichten, das den Nerv der Verwaltung berührt, die Frage nämlich, wer trifft heute eigentlich Verwaltungsentscheidungen. Sie ist ferner Symptom für eine hinter der Verfassung stehende grundsätzliche Skepsis gegenüber aller verwaltenden Tätigkeit. Art. 19 Abs. 4 GG hat unter diesem Blickwinkel eine handfeste Ergänzung erfahren im Art. 80 GG, der engbegrenzten Möglichkeit der Rechtsetzungsdelegation[9].

Die unter dem GG gefundene Ausgestaltung der Grundrechte ist ein weiteres Einwirkungsfeld von Verfassungsrecht auf das Verwaltungsrecht. Die Umgestaltung des Gewerberechts durch Art. 12 GG[10] kennen wir genauso wie die einschneidenden Veränderungen durch Art. 3 GG[11], den Gleichheitssatz. — Die Erwähnung von Art. 3 berührt zwei bereits angeschnittene Probleme: Einmal den vom GG gewollten engen Raum der Rechtsetzung durch die Verwaltung, zum anderen das Verwaltungsermessen. Die Selbstbindung der Verwaltung durch eine langanhaltende Ermessenspraxis führt

---

[5] Vgl. dazu Herbert *Krüger* und C. H. *Ule*, Das besondere Gewaltverhältnis, VVDStRL, Heft 15, 1957, S. 109 ff. u. S. 133 ff.

[6] Vgl. *Forsthoff*, Lehrbuch des Verwaltungsrechts, 8. Aufl., 1961, S. 72 ff. (79 f.) m. Nachw.; Hans J. *Wolff*, Verwaltungsrecht I, 4. Aufl., 1961, S. 136 ff.; *Ehmke*, „Ermessen" und „unbestimmter Rechtsbegriff", Recht und Staat, Heft 230/231, 1960.

[7] Vgl. *Forsthoff*, a.a.O. (Anm. 7), S. 185 ff.; W. *Brohm*, Rechtsschutz im Bauplanungsrecht, res publica, Heft 3, 1959.

[8] Zu Art. 19 Abs. 4 GG, allgemein vgl.: *Maunz-Dürig*, Grundgesetz, Kommentar, Art. 19 Abs. IV, Anmerkungen; *v. Mangoldt-Klein*, Das Bonner Grundgesetz, Kommentar, 2. Aufl., 1957. Anm. zu Art. 19 Abs. IV, S. 568 ff.; *Hamann*, Das Grundgesetz, 2. Aufl., 1961, Art. 19 Anm. 12 ff.; *Erdsiek*, Umwelt und Recht, NJW, 1962, S. 1384 ff.

[9] Vgl. die Referate in: Die Übertragung rechtsetzender Gewalt im Rechtsstaat, 1952.

[10] Vgl. die Entscheidungen des BVerfG zu Art. 12 GG, angefangen von BVerfGE 7, 377 (Apotheken-Urteil) bis zum Beschluß zur Handwerksordnung v. 17. 7. 1961, DVBl., 1961, S. 818; vgl. dazu: *Reuß*, Das Bundesverfassungsgericht zur Handwerksordnung, DVBl., 1961, S. 865 ff.; *Bullinger*, Zur Handwerksentscheidung des Bundesverfassungsgerichts, BB, 1962, S. 381 ff.

[11] Zusammenfassender Überblick bei H. J. *Rinck*, Die höchstrichterliche Rechtsprechung zum Gleichheitssatz in der Bundesrepublik, der Schweiz, Österreich, Italien, den USA und Indien, JöR, N. F. 10, 1961, S. 269 ff.

über Art. 3 GG zu einer Art Rechtsquelle, die jedenfalls im organisatorischen Teil des GG nicht ausdrücklich angesprochen ist. Es geht um die Frage, inwieweit Ermessensrichtlinien, Verwaltungsanweisungen, Verwaltungsanordnungen oder -erlasse über Art. 3 GG rechtssatzähnliche oder gar rechtssatzgleiche Qualität erlangen[12].

Um nur noch einige Punkte zur Begründung der Fragwürdigkeit der *Mayer*schen Thesen anzuführen, ist auf die immer noch keineswegs auch nur annähernd geklärte Sozialstaatsklausel des GG einerseits und das demokratische Prinzip andererseits zu verweisen.

a) Die Rechtsprechung und ein Teil der Literatur haben über das Wörtchen „sozial" ein Verwaltungsrecht entstehen lassen, das man in die herkömmliche Begriffswelt, vor allem in die gebräuchliche Rechtsquellenlehre kaum einbauen kann. Zur Erläuterung verweise ich auf den „contra legem" von den Gerichten zugebilligten Anspruch auf Fürsorgeunterstützung[13]. Die Rechtsprechung des BGH zum Komplex der Impfschäden und die des BVerwG zum „Rechtsanspruch des Bürgers auf Impfung"[14] gehören gleichfalls hierher. Was sonst noch alles mit dem Wörtchen „sozial" passieren kann, darüber hat uns die Diskussion der sozialrechtlichen Sparte auf dem Jubiläums-Juristentag in München die Augen weit geöffnet[15].

b) Aus dem demokratischen Prinzip wird das Postulat umfassender Geltung des Gesetzmäßigkeitsprinzips abgeleitet. Einer vom Gesetz freigestellten Verwaltung wird im Anschluß an eine Lehre in der Schweiz und Österreich damit der Kampf angesagt. Die Debatte auf der Kölner Staatsrechtslehrertagung um die Thesen *Mallmanns*[16] hat bewiesen, daß die ehernen Grundlagen des auch heute noch den akademischen Unterricht beherrschenden Verwaltungsrechtssystems nicht mehr so stabil sind, wie es noch vor einigen Jahren scheinen konnte. In engem Zusammenhang damit stehen neuformulierte Bindungen des Fiskus, der in privatrecht-

---

[12] Vgl. dazu Hans J. *Wolff*, a.a.O. (Anm. 7), S. 145.
[13] BVerwGE 1, 159.
[14] BVerfGE 9, 78; dazu krit. *Menger*, VerwArch, 51, 1960, S. 149 ff.; vgl. auch VG Düsseldorf, Urt. v. 26. 4. 1962, m. zust. Anm. v. *Ule* und *Siegmund-Schultze*, DVBl., 1962, S. 559 ff.
[15] Vgl. die Berichte in NJW, 1960, S. 1944 ff. (1946), und JZ, 1960, S. 759 ff. (762); Verhandlungen des 43. DJT in München 1960, 1962.
[16] VVDStRL, Heft 19, 1961, S. 165 ff. u. S. 268 ff.; vgl. auch meine Rezension der Festschrift für Hans Huber, in: DÖV, 1961, S. 759 m. krit. Bemerkungen zum Beitrag von Hans *Peters*; ferner *Ules* Rezension der Festschrift in DVBl., 1962, S. 569 f., und *Jesch*, Rezension in: Der Staat, 1, 1962, S. 107.

lichen Formen sich äußernden Verwaltung. Auch insoweit wird die Verfassung als Stütze für neue Konzeptionen bemüht[17]. —

Wer wollte angesichts dieser wenigen Merkpunkte noch ernsthaft bezweifeln, daß unser heutiges Verwaltungsrecht ohne das Verfassungsrecht besteht? In den vergangenen zwölf Jahren der Geltung des GG hat sich dieses Bild geformt. Will man die Frage beantworten, wem das Hauptverdienst für diese Entwicklung zukommt, dann muß auch der verwaltungsfreundlichste Betrachter die Palme eindeutig den Gerichten geben. Überspitzt wird man vielleicht sagen dürfen, daß zu Beginn des GG die Verwaltung auf weiten Strecken so tat, wie wenn nichts geschehen wäre. Vornehmlich die Gerichte haben die Verwaltung gezwungen, die Verfassung ernst zu nehmen.

Das Verwaltungsrecht der Gegenwart steht also stärker unter dem Bann der Verfassung als zur Weimarer Zeit. Das ist bemerkenswert, weil unter verfassungstheoretischen Gesichtspunkten der Schritt von der konstitutionellen Monarchie mit weitgehend anerkanntem monarchischen Prinzip zur parlamentarischen Demokratie sehr weit war. Theoretisch und auf dem Papier sicher. Was nutzte aber die schriftliche Fixierung der Änderung der Verfassung im materiellen Sinn, wenn sie nicht mit einem Gesinnungswandel der tragenden Schichten gekoppelt war? Das Verwaltungsrecht von Weimar stand — wenn diese notwendige Vereinfachung hier gestattet ist — weniger unter dem Bann dieser als unter dem Einfluß der Verfassung der konstitutionellen Monarchie. Das ist heute weitgehend anders geworden. Der Verwaltungsrechtler der Gegenwart und der nächsten Jahre wird vielleicht sogar vor die Notwendigkeit gestellt sein, die Verwaltung und das Verwaltungsrecht vor allzu starkem Herüberreichen der Verfassung in den Verwaltungsraum durch maßvolle Theorien zu schützen. Dabei wird er sich von der Vorstellung leiten lassen müssen, daß die Verwaltung auch eine tragende Säule unserer Staatlichkeit ist, die man nicht ungestraft zugunsten anderer Träger, vor allem der Gerichte, brüchig werden lassen darf. Dies setzt allerdings ein Verständnis der Verfassung voraus, mit dem nicht ohne weiteres in absehbarer Zeit gerechnet werden kann. Entscheidende Impulse für eine solche

---

[17] Vgl. die Referate über „Schranken nichthoheitlicher Verwaltung" (Anm. 16); VVDStRL, Heft 19, 1961, S. 165 ff.; *Evers*, Verfassungsrechtliche Bindungen fiskalischer Regierungs- und Verwaltungstätigkeit. NJW. 1960, S. 2073 ff.; die Anmerkungen von *Stern*, in: JZ, 1962, S. 181 f., und von mir, in: DVBl., 1962, S. 301 ff., zum Urteil des BGH vom 26. 10. 1961

Gesinnungsänderung wird man — wenn überhaupt — weniger von den Bürgern als vielmehr allenfalls aus den Reihen der Verwaltung selbst erwarten können. Dafür anregend zu wirken ist ebenfalls Anliegen dieser Bemerkungen.

II.

Nun zu einem ersten Punkt konkreterer Betrachtung. Es handelt sich um die Problematik des Art. 19 Abs. 4 GG. Mit dieser Verfassungsbestimmung hat das GG unter anderem auch eine Entscheidung im Verhältnis von Bürger und Verwaltung getroffen. Sehe ich die Dinge recht, dann ist Art. 19 Abs. 4 GG der Schlußpunkt einer Auffassung vom Bürger-Verwaltungs-Verhältnis, die ganz auf dem Boden der Leitbilder des 19., vielleicht sogar des 18. Jahrhunderts steht. Das mag wegen der Modernität dieser Bestimmung überraschen. Aber es ist wohl so. Unter dem hier angesprochenen Blickwinkel ist er Ausdruck einer grundsätzlich — vom Bürger aus gesehen — dem Bürger als Gegner gegenüberstehenden Exekutive. Ihr zu begegnen, sie in die verfassungsmäßigen Schranken zu verweisen, wird weder der Bürger als mächtig genug bewertet, noch wird ihre Domestizierung im verwaltungsinternen Bereich durch parlamentarische Kontrollen noch als ausreichend angesehen. Das Interessante daran ist, daß diese Vorstellung durch den Wandel von der Verwaltung mit einer die konstitutionelle Eigenständigkeit protegierenden monarchischen Gewalt zu einer parlamentarischen in vollem Umfange abhängigen Exekutivspitze nicht nur keine Einbuße hinnehmen mußte, sondern sogar erst recht entfaltet wurde. Diese Konzeption basiert also in gleicher Weise auf dem Bild des der Verwaltung ausgelieferten Bürgers wie auf dem mangelnden Vertrauen in die Kontrollgewalt der vom Volk gewählten Parlamente.

Dabei ist vielleicht übersehen worden, daß die Verwaltung noch zu keiner Zeit solchen — außergerichtlichen — Kontrollen ausgesetzt war, wie sie es heute ist. Man braucht nur die viel zitierte öffentliche Meinung, Presse, Rundfunk, pressure groups usw. zu erwähnen. Was der unter monarchischer Spitze arbeitenden Exekutive konzediert wurde, das wird der parlamentarisch kontrollierten Verwaltung durch Art. 19 Abs. 4 GG abgeschnitten. Das ist nicht polemisch gemeint. Die Väter unserer Verfassung sahen eben die Rechte des Bürgers bei den Gerichten besser aufgehoben als bei den anderen Verfassungsorganen, und die Gerichte haben den ihnen zugeschobenen vollen Becher der Verantwortung bis zur Neige geleert. Manchmal haben sie sich auch unaufgefordert nachgeschenkt.

Fragen der Verfassungslehre, wie die nach den Ausstrahlungen solcher Vorstellungen auf das von der Verfassung anerkannte demokratische Prinzip liegen auf der Hand. Wie soll das uns „frei Haus" gelieferte, nicht von uns errungene Prinzip der Demokratie wirklich Wurzeln fassen in der Geisteshaltung der Bevölkerung, wenn sie in der gleichen Verfassung auf Schritt und Tritt Warnschildern vor den Gefahren der Demokratie begegnet? Wenn den demokratisch legitimierten Organen — um nur bei dem bekannten Fernsehurteil zu bleiben — weniger Vertrauen geschenkt wird als den mehr im Dunkel lebenden Verbänden[18]? In diesem Rahmen geht es nicht um die kritische Untersuchung dieser oder ähnlicher Probleme. Wir registrieren den Befund und suchen nach Wirkungen auf die Verwaltung und das Verwaltungsrecht.

1. Man braucht in diesem Zusammenhang nicht auf die allgemein als positiv zu bewertenden Folgen der umfassenden Verwaltungsgerichtskontrolle einzugehen. Sie wurden und werden uns aus berufenem Munde und vor allem täglich durch die Gerichtspraxis erläutert oder demonstriert. Der Anteil der Verwaltungsgerichte an der Effektuierung des Rechts in unserem Staatsleben, der Durchsetzung der Bindung der Verwaltung an die Grundrechte u. a. m. ist ein bleibendes Kapital deutscher Rechtsgeschichte. Sicher sind Warnungen vor dem Mißbrauch der richterlichen Gewalt nicht ohne Berechtigung erhoben worden. Wer sich von punktuellen Kritiken freimacht, der wird zustimmen, daß die Gerichte im großen und ganzen ihre schwere Aufgabe gut erfüllt haben.

2. Ein Hinweis auf Gefahren sei angebracht, Gefahren, die weniger die Institution der Verwaltungsgerichtsbarkeit als vielmehr der einzelne Richter in ihr verursachen kann. Ich meine die Gefahr der resignierenden Verwaltung.

Der Prozeß des Sichbefreundens der Verwaltungsbediensteten mit einer Rechtsordnung, die auf weiten Gebieten nicht dem Beamten, sondern dem Richter das letzte Wort zuerkennt, ist noch nicht abgeschlossen. Mit der erwähnten Gefahr der Resignation ist gemeint, daß in der Verwaltung entweder der Standpunkt Anklang findet, der auf eine Freund/Feind-Position zwischen Verwaltung und Gerichten hinausläuft, oder aber, und hier liegt das Hauptbedenken, daß sich der Verwaltungsbeamte, vor allem derjenige an der

---

[18] BVerfGE 12, 205 (262); dazu meine Kritik, a.a.O. (Anm. 4), S. 402 f.

„Front", im Eifern nach einem Maximum an Rechtlichkeit gemeinsam mit den Gerichten vorschnell geschlagen gibt. Daß die Vorstellung an Boden gewinnt, die Hüter des Rechts, der Verfassung oder der anderen Normen seien alleine in den Gerichten, nicht aber in gleichem Maße in der Verwaltung zu suchen.

Eine solche Haltung würde übersehen, daß der Bürger dem Staat zeitlich primär in der Verwaltung und nicht in den Gerichten begegnet. Der Umfang des in Verwaltung genommenen Lebensbereiches zwingt, gerade die zeitliche Reihenfolge der Begegnung mit dem Staat in den Vordergrund zu stellen. Der durch eine von der Verantwortung für das Gesamte und durch das Bestreben nach Rechtlichkeit nicht getragenen Verwaltungshandlung verursachte Vertrauensbruch kann auch durch eine oft nach Jahren erst ergehende Gerichtsentscheidung zugunsten des Bürgers nur schwer geheilt werden[19].

Es wird nicht verkannt, daß auf diesem Gebiete, nicht zuletzt durch das Wirken der Gerichte, Wandlungen feststellbar sind. Vorbildlich ist insoweit die Entscheidung des OVG Lüneburg, nach der es Pflicht der Behörden ist, „Anträge mit dem Antragsteller zu erörtern, auf sachgemäße Anträge hinzuwirken und ihm die erforderlichen Wege zu ebnen"[20]. Von seiten der Universität dürfen wir vielleicht einen Teil solcher Wandlungen auf der Aktivseite unserer Bilanz buchen. Die in den letzten 15 Jahren durch die Universität gegangene Beamtengeneration hat eine andere öffentlichrechtliche Schulung erfahren als deren Väter. Diese Schulung berechtigt zu der Hoffnung, daß den Gefahren, die angedeutet wurden, wirksam begegnet werden kann. Von den Gerichten wird man erwarten dürfen, daß sie bei der Handhabung der ihnen verfassungsmäßig übertragenen Kompetenzen der Verwaltung Loyalität der Rechtsordnung gegenüber bis zum Beweis des Gegenteils unterstellen. Nur bei einem so gearteten wechselseitigen Loyalitätsverhältnis, bei einer so gearteten Geisteshaltung beider staatlichen Instanzen wird verhindert werden, daß die Wohltat des Art. 19 Abs. 4 GG Plage wird. — In der wissenschaftlichen Diskussion beginnt sich diese hier angedeutete Haltung zu Art. 19 Abs. 4 GG, d. h. hier zum Verhältnis von Verwaltung und Verwaltungsgerichten, zu

---

[19] Zu diesem Problem vgl. *Forsthoff,* a.a.O. (Anm. 6). S. 4: „... ist auch die Verwaltungsfunktion in toto vom Recht durchwaltet."

[20] Urt. v. 9. 2. 1960, BB, 1960, S. 643; vgl. dazu mein für den 44. DJT 1962 erstelltes Gutachten: „Empfiehlt es sich, die bestehenden Grundsätze über Auskünfte und Zusagen in der öffentlichen Verwaltung beizubehalten?", I. Teil C I 1 c, bb.

regen. Dies beweist die Tendenz, beim Ermessensproblem wieder stärker der Verwaltung das Wort zu reden[21]. Daß dabei sogar aus der Schweiz Sauerstoff dem jungen Flämmchen zugeführt wird, ist ein besonders markantes Zeichen[22].

Wir haben Art. 19 Abs. 4 GG ernst zu nehmen. Das verlangt die Verfassung. Der Kampf gegen die Generalklausel — an dem ich mich nicht beteiligen würde — müßte daher auf Verfassungsebene ausgetragen werden. Die Verfassung verlangt aber keine Vergötzung richterlicher Kompetenzen. Man soll sich nicht den Hoffnungen hingeben, als ob Ereignisse wie die von 1933 durch die Gerichte verhindert werden können. Nur die Loyalität aller Verfassungsorgane, vor allem auch der Verwaltung gegenüber dieser Rechtsordnung vermag eine gewisse Stabilitätsgarantie zu bieten. Die Beamtenschaft darf durch die Gerichte nicht aus ihrer Verantwortung gegenüber der Verfassung gedrängt werden, sie darf sich aber auch nicht verdrängen lassen.

3. Eine prozeßrechtliche Bemerkung im Anschluß an Art. 19 Abs. 4 GG: Wer die Gerichtsentscheidungen der letzten Jahrzehnte Revue passieren läßt, der findet viel Mühe auf Fragen der Zulässigkeit der verwaltungsgerichtlichen Klage verwendet. In Anschluß an die vor allem im Zivilprozeß zu Recht getroffenen Feinheiten versucht der Verwaltungsrichter zunächst Quisquilien der Zulässigkeit der Klage nachzugehen. Gegen diese Art der Verfahrensbehandlung sprechen Bedenken. Sie erstrecken sich nicht auf die Prüfung der Form- und Fristprobleme. Sie können ausgeklammert werden. Gemeint ist die Prüfung, ob der Kläger durch einen Verwaltungsakt in seinen Rechten betroffen ist, als Zulässigkeitsvoraussetzung.

Was zunächst die Frage des Vorliegens eines Verwaltungsaktes betrifft, so hat man schon lange den Eindruck, daß hier nur Pragmatik weiterhilft[23]. Der Begriff dient heute in erster Linie zur Unterscheidung von mit der Anfechtungsklage anfechtbaren und nichtanfechtbaren Verwaltungshandlungen. Damit ist er unter dem Aspekt des Rechtsschutzbedürfnisses weitgehend zur Disposition der Verwaltungsgerichte gestellt. Vom Begriff des Verwaltungsaktes aus läßt sich jedenfalls die Kompetenz der Verwaltungsgerichte oder allgemein der Rahmen der förmlichen Überprüfung von Ver-

---

[21] Profiliert insofern *Ehmke*, a.a.O. (Anm. 6).
[22] *Bäumlin*, Verfassung und Verwaltung in der Schweiz, Festschrift für Hans Huber, 1961, S. 69 ff.
[23] Erfrischend deutlich insoweit *Eyermann-Fröhler*, Verwaltungsgerichtsordnung, Kommentar, 3. Aufl., 1962, § 42 bes. RdNr. 12, S. 179.

waltungsakten nicht mehr abgrenzen. Gerade diese Abgrenzungsfunktion scheint mir aber mit Pate gestanden zu haben bei der Formung des Begriffs Verwaltungsakt[24].

Am Beispiel der Frage, ob Verwaltungsentscheidungen über Petitionen der gerichtlichen Kontrolle unterliegen, läßt sich die Fragwürdigkeit tiefschürfender prozessualer Erörterungen belegen. In einer Entscheidung wird die Abweisung der Klage als unzulässig detailliert begründet. Die Zurückweisung als unbegründet hätte wahrscheinlich in wenigen Sätzen erfolgen können[25].

Wer diese Praxis kritisiert, der darf nicht übersehen, daß darin ein gutes Stück weiser Zurückhaltung bei der Kompetenzwahrnehmung liegt. Das ist erfreulich. In diesen Fällen neige ich zur Annahme, es handelt sich um falsche Bescheidenheit, die der Funktion der Verwaltungsgerichte — die eben nicht die gleiche ist wie die der Zivilgerichte — nicht gerecht wird: Der Gerichtspraxis ist im Anschluß an einen kleinen Teil der Lehre[26] die These entgegenzustellen, daß die Klage immer dann zulässig ist, wenn der Sachvortrag des Klägers erkennen läßt, daß er durch eine hoheitliche Verwaltungshandlung in seinen Rechten verletzt sein *kann*. Man mag das in Anlehnung an einen im Zivilprozeß im anderen Sinne gebrauchten Begriff Schlüssigkeit[27] des Sachvortrags bezüglich der Zulässigkeit nennen. Im Hinblick auf die durch das BVerfG für Art. 2 Abs. 1 GG gefundene Auslegung des Rechts der freien Entfaltung der Persönlichkeit oder auf Art. 3 Abs. 1 GG wird „Schlüssigkeit" in diesem Sinne nur in extremen Fällen verneint werden können. Der Fall der Ablehnung der Petition zählt nicht darunter. Wieso wird für eine Vereinfachung der prozessualen Dinge plädiert? Die Antwort liegt in der Funktion und Ausgestaltung des Verwaltungsgerichtsverfahrens: Die strenge Trennung von Prozeß-

---

[24] Otto *Mayer*, a.a.O. (Anm. 1), S. 92 f.
[25] OVG Hamburg, Urt. v. 23. 9. 1960, JZ, 1961, S. 165, m. ablehn. Anm. von *Dürig*; vgl. dazu BVerwG, Urt. v. 8. 3. 1962, NJW, 1962, S. 1410, mit umfassenden Nachweisen für Gnadensachen in der Anmerkung der Schriftleitung.
[26] Vor allem *Dürig*, in: *Maunz-Dürig*, a.a.O., Art. 19 Abs. IV, RdNr. 27; besonders deutlich *ders.*, a.a.O., Art. 2 Abs. 1, RdNr. 26; vgl. auch *Bettermann*, Der Schutz der Grundrechte in der ordentlichen Gerichtsbarkeit, in: *Bettermann-Nipperdey-Scheuner*, Die Grundrechte, III/2. Bd., 1959, S. 792 f.; *Menger*, Anmerkung zu BVerwG Urt. v. 27. 2. 1957, DVBl., 1957, S. 683; *ders.*, Der Schutz der Grundrechte in der Verwaltungsgerichtsbarkeit, in: *Bettermann-Nipperdey-Scheuner*, a.a.O., S. 745 Anm. 129.
[27] OVG Hamburg, Urt. v. 31. 5. 1957, VerwRespr., 10, 10; dazu: *Bachof*, Anm. zu BVerwG Urt. v. 21. 10. 1955, JZ, 1956, S. 342 f.; *Maunz-Dürig*, a.a.O., Art. 19 Abs. IV, RdNr. 11 Anm. 3.

Urteil und Sach-Urteil und die damit zusammenhängende Rechtskraft sind aus der Sicht des Verwaltungsrichters wegen des besonders gearteten Streitgegenstandes anders zu beurteilen. Gegenstand verwaltungsgerichtlicher Kognition ist im Anfechtungsverfahren die Frage der Rechtmäßigkeit eines Hoheitsaktes in bezug auf einen konkreten Kläger[28]. Dieser Hoheitsakt ist seinerseits der formellen Rechtskraft fähig[29]. Während das die Zivilklage nur aus prozessualen Gründen abweisende Urteil den materiell-rechtlichen Streit nicht präkludiert, der Kläger also nach Beseitigung des Prozeßhindernisses erneut sein Recht gerichtlich verfolgen kann[30], steht der Anfechtungskläger im Verwaltungsgerichtsprozeß vor einer anderen Situation. Wird die Klage als unzulässig abgewiesen, kann er wegen der zwischenzeitlich eingetretenen formellen Rechtskraft des angefochtenen Verwaltungsaktes diesen aus formellen Gründen des Vorverfahrens nicht mehr materiell-rechtlich zu Fall bringen. Die Funktion des zivilrechtlichen Prozeß-Urteils fehlt im Verwaltungsgerichtsprozeß in vielen Fällen. Mit der Entscheidung über die prozessualen Probleme ist gleichzeitig die Präkludierung der materiell-rechtlichen Fragen gekoppelt.

Sicher bestehen diese Folgerungen nur in den meisten, aber nicht in allen Fällen. Soweit sie aber zu ziehen sind, wird der Rechtsschutzaufgabe der Verwaltungsgerichte mehr Rechnung getragen, wenn dem Bürger im Streit mit der Verwaltung die materiell-rechtliche Frage auseinandergesetzt wird, als wenn er mit ihm meist kaum verständlichen prozeßrechtlichen Bemerkungen bedient wird[31]. Immer wird er mit Unbehagen die prozessuale Niederlage hinnehmen. Während der Zivilkläger durch erneute Klage die Probe aufs Exempel machen kann, ist dem Anfechtungskläger solches Experimentieren aus formellen, im Vorverfahren liegenden Gründen meist versagt.

Ich rede nicht einer Unterbewertung des Prozeßrechts das Wort. Im Sinne einer Befriedung im Verhältnis von Staat und Bürger muß aber die dienende Funktion des Prozeßrechts betont werden. Wo die Gerichte mit gleichem, oft sogar geringerem Kraftaufwand

---

[28] Vgl. dazu *Ule*, Verwaltungsprozeßrecht, 2. Aufl., 1961, S. 120, mit Nachweisen über den Stand der kontroversen Literatur.
[29] Vgl. § 70 VerwGO.
[30] Vgl. statt vieler: *Stein-Jonas-Schönke*, Kommentar zur Zivilprozeßordnung, 18. Aufl., Stand Juli 1960, Bd. I, § 322 IV, 1 und IX, 2; *Rosenberg*, Lehrbuch des deutschen Zivilprozeßrechts, 9. Aufl., 1961, § 129 II, 3 und § 149 I, 2.
[31] Gleicher Ansicht *Dürig*, a.a.O. (Anm. 25).

den materiell-rechtlichen Streit aus der Welt schaffen können, dort sollen sie sich nicht auf die Strenge des Prozeßrechts zurückziehen. Die Rechtsprechung des BVerfG[32] für diesen Fragenkreis sollte mutatis mutandis vorbildlich auch für die anderen öffentlich-rechtlichen Gerichtsbarkeiten sein[33].

4. Die Betrachtung zum „königlichen Artikel", zur „regula aurea" des GG und seine Ausstrahlungen auf Verwaltung und Verwaltungsrecht könnten noch fortgesetzt werden. Weitere Betrachtungen würden uns zeigen, daß es vielleicht doch nur ein „bürgerlicher" Artikel ist oder daß es sich nur um eine „silberne" Regel handelt. Um dies wenigstens anzudeuten, sei einmal auf die in der letzten Zeit diskutierten Probleme des Art. 24 GG verwiesen. Mit Hilfe des 24er Gesetzes kann Art. 19 Abs. 4 GG nach einer verbreiteten Meinung überspielt werden[34]. Ferner wäre der nach meiner Meinung wahrscheinliche Substanzverlust des Rechtsschutzes als Folge der automatisierten Verwaltung (auf den ich an anderer Stelle hingewiesen habe) zu erwähnen[35].

Eine Entwicklung sei in diesem Zusammenhang noch näher skizziert, die zu einem anderen Punkt dann überleitet. Es handelt sich um eine Entwicklung, die man vielleicht unter dem Stichwort „Arrangement zwischen Staat und Bürger" rubrizieren könnte. Dazu gleich näheres. Für Art. 19 Abs. 4 GG ist bedeutsam die sich immer weiter ausdehnende Meinung, man fahre besser mit dem Staat oder dem konkreten Beamten, wenn man ihm nicht die Zähne zeige, jedenfalls wenn man die Verwaltungsgerichte nicht zum Zubeißen veranlasse. Dies gilt vor allem für den Bereich der Ermessensverwaltung. Willkür oder andere Ermessensfehler zu rügen, glaubt man sich nur bei unabhängiger Position leisten zu können.

---

[32] BVerfGE 6, 7, macht den Anfang.
[33] An der Rechtsprechung des BVerfG hat vor allem *Grundmann*, Zulässigkeit und Begründetheit in Verfahren nach § 24 BVerfGG, JZ, 1957, S. 613 ff., Kritik geübt. Seine Argumentation basiert auf der Dogmatik des Zivilprozeßrechts. Die von mir angedeutete Begründung wird durch *Grundmann* nicht erschüttert. Gewiß ist die Dogmatik des Zivilprozeßrechtes die hohe Schule des Prozeßrechtes allgemein. In Verfahren vor den Verwaltungsgerichten und dem Bundesverfassungsgericht sollte aber nicht immer hohe Schule geritten werden.
[34] Vgl. vor allem das Referat von Georg *Erler*, Das Grundgesetz und die öffentliche Gewalt internationaler Staatengemeinschaften, VVDStRL, Heft 18, 1960, S. 7 ff. (26 ff.); Leitsätze unter III (S. 48); ferner die Diskussion, S. 81 ff.
[35] Karl *Zeidler*, Über die Technisierung der Verwaltung, 1959, bes. S. 22 ff.; „Verwaltungsfabrikat" und Gefährdungshaftung, DVBl., 1959, S. 681 ff.; DVBl., 1961, S. 493 f.

Aus dem Felde der Subventions- oder Wirtschaftsverwaltung, aber auch der Schulverwaltung, könnte mühelos ein bunter Strauß von Beispielen in kürzester Zeit gepflückt werden. Grob vereinfachend: Mit dieser Gesinnungshaltung, mit diesem Vordringen der Pazifisten und dem Rückzug der Kämpfer ums Recht hängt es zusammen, daß gegen die Versagung eines Passes eher als gegen die Versagung des Baudispenses, gegen die Versagung des Flüchtlingsausweises eher als gegen die Ablehnung des Schürfrechtes von Kies an einer bestimmten Stelle, gegen die Feststellung der Rente eher als gegen die Verweigerung der Devisengenehmigung zur Abwicklung eines Millionengeschäftes geklagt wird. Bemerkenswert an dieser Entwicklung ist, daß die Zurückhaltung nicht als Variante des Grundsatzes „volenti non fit iniuria" bezeichnet werden kann. Ursächlich dafür ist meist die Angst, auch im Falle eines obsiegenden Urteils letztlich der Verlierer zu sein, weil man eben in der Zukunft auch auf die Verwaltung in anderer Beziehung angewiesen ist.

Bei diesen oder ähnlichen Vorgängen kann von den Gerichten nur unzureichende Hilfe oder Abhilfe erwartet werden. Hier hilft lediglich der angedeutete Weg weiter: Die Verwaltung ist zeitlich früher als die Gerichte aufgerufen, mit Recht und Gerechtigkeit dem Bürger gegenüberzutreten. Wird das außer Acht gelassen, dann darf man nicht überrascht sein, wenn nach wie vor die Verwaltung als Gegner des Bürgers erscheint. Wir wollen nicht vereinfachen: Wenn hier der Verwaltung intensives Bemühen abverlangt wird, dem Bürger gerecht zu werden, dann gilt das in gleichem Maße natürlich auch für die politischen und parlamentarischen Instanzen. Ohne deren Unterstützung ist die Verwaltung hoffnungslos in hilfloser Position. Ich komme darauf noch einmal in anderem Zusammenhang zurück. Ein Beispiel in diesem Rahmen, ein Beispiel in sehr loser Anlehnung an ein konkretes Vorkommnis, möge mein Anliegen verdeutlichen.

Regierungsbeamte haben nach der Rechtsordnung angegriffene Gesetze vor dem BVerfG zu verteidigen, dies auch dann, wenn es sich um Gesetze handelt, auf deren verfassungsrechtliche Bedenklichkeit im Entwurfsstadium von seiten der Regierung hingewiesen wurde. Auf Antrag von Abgeordneten wurde der Regierungsentwurf eines Steuergesetzes in einer verfassungsrechtlich sehr zweifelhaften Weise geändert. Vor den Schranken des Gerichts bot sich dann folgendes Bild: Ein Abgeordneter focht auf der Seite der Beschwerdeführer als Anwalt gegen das Gesetz, gegen das Gesetz, für das er im Gesetzgebungsverfahren gestimmt hatte. Der Regierungsvertreter, der im Verfahren vor den parlamentarischen Instanzen gegen das Gesetz war, mußte den Gesetzestext verteidigen. Eine unwürdige Situation, in der die Verwaltung die Rolle des Prügelknaben zum Schaden aller spielen muß.

III.

1. Es ist vorhin von Arrangement zwischen Staat und Bürger gesprochen worden. Es handelt sich um eine Bezeichnung, die in nächster Nähe bei dem primär das Zivilrecht ausmachenden Institut des Vertrages steht. Ist diese Diagnose richtig gestellt, dann sind Erscheinungen wie der öffentlichrechtliche Vertrag oder der häufige Verweis auf den Grundsatz von Treu und Glauben eigentlich nichts Überraschendes. Die letzten Jahre haben die Diskussion um den öffentlichrechtlichen Vertrag zu einem nie gekannten Ausmaß geführt[36]. Darauf möchte ich hier aber nicht näher eingehen. Nur einige Bemerkungen zur Anwendung des Grundsatzes von Treu und Glauben im Verhältnis von Verwaltung und Bürger.

2. Nach der ganz herrschenden Lehre ist dieser „allgemeine Rechtsgrundsatz" oder der „allgemeine Rechtsgedanke" auch im Verwaltungsrecht in Geltung[37]. Seit jener bekannten Aufwertungsentscheidung des Reichsgerichts[38] ist der bis dato stabile Damm gebrochen und Literatur und Judikatur huldigen seit dieser Zeit diesem Prinzip in einem erstaunlichen Ausmaß, in einem Ausmaß, dem eine dogmatische Aufbereitung — jedenfalls im öffentlichen Recht — nicht gleichwertig gegenübersteht. Der Verweis auf Treu und Glauben ist problematisch, weil sich dahinter — bewußt oder unbewußt — eine Auffassung vom Staat und seiner Verwaltung verbergen kann, die abzulehnen ist. Was ist damit gemeint?

Der Grundsatz von Treu und Glauben ist ein notwendiges Korrektiv der prinzipiellen Freiheit des Einzelnen im Rechtsverkehr mit anderen. Dem legitimen Egoismus des einzelnen werden durch das Prinzip Barrieren errichtet. Was für den bürgerlichen Rechtsverkehr notwendig ist, das brauchen wir nicht, mindestens nicht in gleichem Maße in der Verwaltung. Die hoheitlich handelnde Ver-

---

[36] Vgl. Hans J. *Wolff*, a.a.O. (Anm. 6), S. 230 ff., und *Forsthoff*, a.a.O. (Anm. 6), S. 249 ff., jeweils mit weiteren Nachweisen.
[37] Hans J. *Wolff*, a.a.O. (Anm. 6), S. 96; *Forsthoff*, a.a.O. (Anm. 6), S. 155 ff.; immer noch grundlegend: *Schüle*, Treu und Glauben im Verwaltungsrecht, VerwArch, 38, 1933, S. 399 ff., und Bd. 39, S. 1 ff.
[38] RGZ 113, S. 24.

waltung sieht sich anderen Begrenzungen ausgesetzt. Die Verwaltung ist per definitionem für den Bürger da, sie ist also nicht primär egoistisch ausgerichtet. Die trotzdem allenthalben feststellbare Berufung auf dieses Prinzip[39] kann bei einer solchen Sachlage nur als ein weiteres Zeichen des Schwundes an Verwaltungsvertrauen gewertet werden. Das wird besonders spürbar, soweit es sich um den Vertrauensschutz handelt. Von Haus aus konnte nach der bisher herrschenden Lehre der Bürger nicht auf die Beständigkeit einer Verwaltungsentscheidung vertrauen, weil gesetzwidrige Verwaltungsakte nicht auszuschließen waren. Die Gesetzmäßigkeit wurde lange Zeit als Bedingung für die Beständigkeit der Verwaltungsentscheidungen angesehen. Die Rechtsprechung unter Führung des OVG Berlin[40] und des BVerwG[41] hat hier eine grundlegende Änderung vollzogen. Die Anerkennung des Vertrauens auf die Beständigkeit einer Verwaltungsentscheidung hat die Lücke ausgefällt, die durch den Schwund an Gesetzmäßigkeit eingetreten ist. Das Sichverlassenkönnen auf das, was die Verwaltung an Wohltaten erwiesen hat, wird — allerdings einstweilen noch in sehr engen Grenzen — höher angeschlagen als das Gesetzmäßige des Handelns. Vor allem *Forsthoff*[42] hat gegen diese Rechtsprechung polemisiert. Soweit ich sehe, erfolglos und ohne größere Gefolgschaft[43] in der Literatur. Zuletzt haben *Maunz-Dürig*[44] noch einmal eine Lanze für das BVerwG gebrochen.

Die neue Lehre wird von der Woge stark betonter Individualrechte getragen. Belange der Gemeinschaft, die der Verwaltung zu wahren übertragen sind, erfreuen sich im allgemeinen heute geringerer Gunst. Trotz diesem Zug der Zeit muß betont werden, daß die Freiheit, die Rechte, das Interesse des Bürgers nicht das Maß aller Dinge sein können. Wir mögen bedauern, daß es nicht so ist. Als Faktum scheint es mir nicht wegdiskutierbar zu sein. Gerade ein nach den vom GG anerkannten Prinzipien etablierter Staat

---

[39] Vgl. die Übersicht bei *Staudinger (Weber)*, Kommentar zum Bürgerlichen Gesetzbuch, 11. Aufl., 1961, § 242 Anm. 68 ff.; mein in Anm. 20 zitiertes Gutachten unter D II 2.

[40] DVBl., 1957, S. 503, mit zust. Anm. von *Haueisen*.

[41] Erstmals BVerwGE 5, 312; weitere Nachweise in meinem Gutachten a.a.O. (Anm. 20), D II 2.

[42] A.a.O. (Anm. 6), 240 ff.

[43] Vgl. *Scheerbarth*, Ist im Verwaltungsrecht die Hermeneutik auf Abwegen?, DVBl., 1960, S. 185 ff.; *Klinger*, Komm. zur Verw.GO, 1960, § 42 Anm. E IV 1a m. Nachweisen; *Ule*, Hat sich der Entwurf einer Verwaltungsrechtsordnung für Württemberg bewährt? DVBl., 1960, S. 609 ff. (614).

[44] A.a.O. (Anm. 8), Art. 20 RdNr. 147.

erheischt Respekt vor dem Gesetz, und zwar primär im Interesse der Freiheit auch des Einzelnen. Er verlangt auch Opfer.

Von dieser skizzierten Ausgangsposition aus sind die Bedenken gegen die Lockerung des Gesetzmäßigkeitsprinzips zu begründen. In diesem Grundsatz sehe ich unter dem GG nicht nur, vielleicht nicht einmal primär ein rechtsstaatliches, sondern vor allem auch ein demokratisches Element. Der Staat kann nichts verschenken. Jedes Benefizium gegenüber einem Einzelnen muß aus diesem Grunde ein demokratisch legitimiertes, ein gesetzmäßiges sein. Was der Staat hergibt, hat er vorher anderen weggenommen. U. a. ist damit der Zusammenhang, nach meiner Überzeugung die prinzipielle Gleichheit, von sog. Eingriffs- und Leistungsverwaltung evident. Mit diesem Gedanken ist ein Problem angesprochen, das mir auch als bemerkenswert für die moderne Entwicklung des Verwaltungsrechts zu sein scheint. Näher darauf einzugehen, verbietet der Rahmen dieser Studie[45].

Gesetzlich nicht gerechtfertigte Wohltaten sind gesetzwidrige Wohltaten. Wegen der Abhängigkeit der Verwaltung von dem Gesetzgeber, dem Parlament, der Volksvertretung, ist hier die Korrektur, die Revision der Verwaltungsleistung unerläßlich. Auch der Grundsatz geordneter Haushaltsführung verlangt das. Gewiß läßt sich gegen das letzte Argument einwenden, durch die gegenwärtig geringe Zahl von Fällen, auf die unsere Bedenken zutreffen, werde der Haushalt nicht erschüttert. Das ist eine Frage der Quantität. Trotzdem: principiis obstate!

Beurteile ich die Entwicklung der nächsten Jahrzehnte richtig, dann ist der Vormarsch der automatisierten Verwaltung nicht aufzuhalten. In ihrem Gefolge können die bisher mit Tausenden bezifferbaren gesetzwidrigen Leistungen Millionen-, vielleicht gar Milliardenbeträge erreichen. Fehler des einzelnen Beamten werden über das Medium der keineswegs schon endgültig geformten und in ihrer Leistung übersehbaren Transistorenrechenanlagen — aus der Sicht des Nichttechnikers — nahezu unbegrenzt potenziert werden. Ein Kollege von einer Technischen Hochschule hat einmal gesagt: „Auch die Automaten sind halt nur Menschen und können

---

[45] Grundlegend: Erich *Becker*, Verwaltung und Verwaltungsrechtsprechung, VVDStRL, Heft 14, 1956, S. 96 ff.; *Rupp*, Die Beseitigungs- und Unterlassungsklage gegen Träger hoheitlicher Gewalt, DVBl., 1958, S. 113 ff.

sich irren"[46]. Angesichts solcher Aspekte mutet die Rechtsprechung mit ihrer Betonung des Vertrauensgrundsatzes anachronistisch an.

Diese Bemerkungen leiten über zu einem anderen Problem. Nach meiner Überzeugung kann die Preisgabe strikter Gesetzmäßigkeit der Verwaltung und deren Ersetzung durch die „Rechtmäßigkeit" im modernen Verwaltungsleben nicht gutgeheißen werden. Unter dem goldenen Mantel stärkerer oder besserer Rechtlichkeit verbirgt sich nur schlecht die große Gefahr der Minderung demokratischer Substanz. Ich huldige keinem antiquierten Positivismus. Andererseits scheue ich mich vor einer Auslieferung des gesatzten Rechts, und zwar — das ist das Entscheidende — des demokratischen legitimierten gesetzten Rechts, an ungeschriebenes, vielfach überpositives Recht, das allein im Schoße des Richters gedeiht und nur von ihm gefunden werden kann. Solchen Entwicklungen stelle ich folgende Ansicht entgegen: Bis zu der von *Radbruch*[47] unter dem Stichwort „gesetzliches Unrecht" angedeuteten Grenze ist der im gesatzten Recht erklärte Wille des Parlaments für Verwaltung und Rechtsprechung verbindliche Norm. Mir sind seit dem Bestehen des GG keine Grenzüberschreitungen dieser Art durch unsere Parlamente bekannt geworden. Verfehlt die Verwaltung so gesatztes Recht, dann ist der gesetzwidrige Verwaltungsentscheid ein nicht mehr demokratisch legitimierter Hoheitsakt. Dieses fehlende Fundament kann nicht durch die Traverse des Vertrauens in die Beständigkeit ersetzt werden.

Der Ausgang für die kritisierte Rechtsprechung liegt in der Abwägung zwischen demokratischem Prinzip und dem Individualinteresse an Vertrauen gegenüber Akten der Verwaltung. Verfassungsrechtlicher Anknüpfungspunkt ist die Formel von der Bindung an „Gesetz und Recht" in Art. 20 GG.

Wer den Begriff des Rechts über die vorhin angedeutete Grenze ausdehnt und von der Verwaltung formell gesetzwidriges Handeln oder das Dulden solcher Geschehnisse verlangt, der muß sich über folgende Punkte im klaren sein: a) Er unterbewertet das demokratische Prinzip; b) er schmälert den Bereich parlamentarischer Kontrolle; c) er bejaht die Einzelfallgesetzgebung durch die Verwaltung; denn eine wirksame Entscheidung contra legem ist auch Gesetzgebung; d) er räumt damit der Verwaltung Befugnisse ein,

---

[46] Prof. Dr. *Steinbuch*, TH Karlsruhe, anläßlich des mit mir geführten 52. Karlsruher Gesprächs, Süddeutscher Rundfunk, vom 5. 6. 1961, über „Probleme der technisierten Verwaltung".
[47] Rechtsphilosophie, 5. Aufl., 1956 (besorgt von Erik *Wolf*), S. 347 ff.

die der Gesetzgeber wegen Art. 3 GG nicht hat[48]. Ob die so gesehene Abwertung des Gesetzgebers und die damit ausgelösten verfassungsrechtlichen Bedenken durch den Gewinn beim Einzelnen wettgemacht sind, ist zumindest eine offene Frage.

In der Demokratie im Sinne des GG ist der Gesetzgeber primär und vorrangig berufen, die Rechtsidee für das Zusammenleben der Menschen in einem Staat zu konkretisieren. Über die Interpretation fällt auch den Gerichten und der Verwaltung ein Stück dieser Aufgabe zu. Ihre Tätigkeit hat aber durch den Gesetzgeber determiniert zu bleiben, von jenen Grenzfällen abgesehen, kann sich der Determinierte nicht über den Determinierenden unter Berufung auf das „Recht" oder den „Sozialstaat" hinwegsetzen. Auch scheint die erwähnte Rechtsprechung, die den Art. 3 GG relativiert, in einem Widerspruch zu den sonst zum Gleichheitssatz gefällten Erkenntnissen zu stehen. Wie eingangs angedeutet wurde, wird über Art. 3 GG der Ermessensbereich der Verwaltung mit Recht beachtlich begrenzt. Was für die Ermessensverwaltung rechtens ist, sollte bei der gebundenen Leistungsverwaltung nicht preisgegeben werden.

IV.

Von dieser Grundhaltung aus fallen auch Späne vom Holz der Lehre vom Widerruf der Verwaltungsakte: Die herrschende Lehre sieht in der Gesetzwidrigkeit eines Verwaltungsaktes in der Regel keinen Nichtigkeits-, sondern nur einen Anfechtungsgrund. Das heißt, läßt der Betroffene den rechtswidrigen (belastenden) Verwaltungsakt aus welchen Gründen auch immer ungeschoren, dann, so sagt man, sei er von ihm für alle Zeiten so hinzunehmen, wie wenn er gesetzmäßig wäre. Die Metamorphose einer Gesetzwidrigkeit zu einer Gesetzmäßigkeit der Verwaltungshandlung ist bemerkenswert. Die Rechtssicherheit verlange das. Läßt der Betroffene die Anfechtungsfrist ungenützt verstreichen, dann wisse die Verwaltung, daß dem Bürger z. B. bei der Durchsetzung des Befehls mit Zwang kein Unrecht geschehe. Sie können sich damit beruhigen: Der Bürger hätte mich ja verklagen können. Weil er das unterlassen habe, geschehe ihm kein Unrecht, wenn der gesetzwidrige Verwaltungsakt zwangsweise durchgesetzt werde[49].

---

[48] Näheres dazu in meinem Gutachten, a.a.O. (Anm. 20), D II 2 e u. 3.
[49] Vgl. zur Entwicklung *Haueisen*, Der Wandel in der Beurteilung fehlerhafter Verwaltungsakte, DVBl., 1960, S. 913 ff.

Welch eine Groteske! Auch hier wieder sei betont, ich polemisiere nicht prinzipiell gegen die Fristregelung im Verwaltungs*prozeß*recht. Ich polemisiere aber gegen die Auffassung, wonach es im Belieben der Verwaltung stehe, ob sie trotz formeller Rechtskraft des gsetzwidrigen Verwaltungsaktes — gewissermaßen aus eigener Machtvollkommenheit — dieses Unrecht beseitigen könne. Gesetzliche Sonderregelungen, wie wir sie in der Reichsabgabenordnung finden, bleiben außer Betracht. Sie dulden im Hinblick auf das Prinzip der Gesetzmäßigkeit jedenfalls nach meiner Überzeugung keine erweiterte Interpretation. Im Hinblick auf die demokratische Legitimation ist nicht nur die gesetzwidrig begünstigende, sondern auch die gesetzwidrig belastende Maßnahme ohne Rücksicht auf die im gerichtlichen Bereich gerechtfertigte Fristregelung zur Anfechtung aufzuheben[50]. Bisher ist bereits anerkannt, daß gesetzwidrig belastende Verwaltungsakte von der Verwaltung nach pflichtgemäßem Ermessen zurückgenommen werden dürfen[51]. Der Grundsatz der Gesetzmäßigkeit in dem hier verstandenen Sinne verlangt unter dem Aspekt demokratischer Legitimität die *Wandlung des Rechts* der Verwaltung zu deren *Pflicht*. Hier begegnet uns wieder die bereits mehrfach betonte Stellung der Verwaltung zum Recht.

Ich meine die notwendige geistige Haltung der Verwaltung, das Streben nach Rechtlichkeit nicht allein den Gerichten zu überlassen. In diesem Rahmen ist kein Raum für die Beantwortung der damit zusammenhängenden Fragen nach den prozessualen Konsequenzen. Bei all diesen Erwägungen geht es nur darum anzudeuten, daß unser Verwaltungsrecht der Anpassung an das demokratische Prinzip erschlossen werden kann und muß. Otto *Mayers* Konzeption war eben nicht bedenkenfrei. In der Zielsetzung weiß ich mich insoweit einig z. B. mit *Mallmann*[52], dessen Thesen von der umfassenden Gesetzmäßigkeit allen Verwaltungshandelns jedenfalls auch im Sinne der Aktualisierung des demokratischen Prinzips aufzufassen sind. Im Gegensatz zu Hans *Peters*[53] kann diesen Bedenken sicher nicht mit dem Rekurs auf die traditionelle Entwicklung seit dem 19. Jahrhundert die Überzeugungskraft genommen werden. Unberührt bleiben davon Zweifel an der Richtigkeit dieser weitgefaßten Thesen *Mallmanns*.

---

[50] Im Ergebnis gleicher Auffassung, *Forsthoff*, a.a.O. (Anm. 6), S. 241 f.
[51] BVerwG, Urt. v. 8. 12. 1961, DVBl., 1962, S. 562, dessen Auffassung abzulehnen ist.
[52] A.a.O. (Anm. 16), S. 165 ff.
[53] Vgl. oben, Anm. 16.

V.

Ich wäre mißverstanden, wollte man die Apologie auf das demokratische Verwaltungsrecht so deuten, daß damit eine Unterbewertung des Prinzips der Gewaltenteilung verbunden sei. Zur Grenze zwischen Verwaltung und Gerichtsbarkeit habe ich mich vorhin bei der Betrachtung zu Art. 19 Abs. 4 GG geäußert und dabei das Eigenständige der Exekutive gegenüber der dritten Gewalt betont. Zu beleuchten bliebe das Verhältnis von Verwaltung und Parlament unter Einbeziehung aller politischen Kräfte und der ständischen Gruppierungen. Es handelt sich vor allem um die in den letzten Jahren in einem erstaunlichen Maße angewachsene Verwaltung durch Ausschüsse. Nicht der einzelne Beamte, sondern die aus Beamten und Gruppenvertretern zusammengesetzten kollegialen Organe beherrschen vor allem auf dem Gebiete der sogenannten Leistungsverwaltung weitgehend das Feld. Man denke nur an den Vollzug des Kriegsfolgenrechts. Absendeorgane der Vertreter sind teils die politischen Parteien, teils die Verbände von Interessenten.

Darüber ist viel gesagt und geschrieben worden[54]. Kritik wurde vor allem wegen der dadurch ausgehöhlten Gewaltenteilung geübt. Bedenken aus dem Prinzip der Ministerverantwortlichkeit wurden vorgebracht. Gefahren der Anonymität der Verwaltungsentscheidungen wurden aufgezeigt. Fragen der demokratischen Legitimität der Verbandsvertreter werden gestellt. Ich bekenne, daß ich diese Bedenken weitgehend teile. Daß sich das BVerfG[55] den Angriffen auf die Ausschußverwaltung nicht ganz verschlossen hat, werte ich nicht als Restauration, sondern als Bestätigung, daß das GG nicht absolut Bewährtes untergehen lassen wollte.

Dazu einige ergänzende Bemerkungen. Die mit dieser Verwaltungsart verbundene Anonymität der Entscheidung führt zu einem Schwund der Verwaltungsaktivität und damit auf lange Sicht zu einem Personalproblem. Ich will den häufig gepriesenen Reiz des Verwaltens nicht überschätzen, mit dem vierspännig durch die Lande fahrenden Landrat im Hintergrund, der hier eine Straße widmet, dort eine Schule übergibt und an dritter Stelle Ovationen der Dorfbevölkerung anläßlich der Prämierung landwirtschaftlicher Erzeugnisse entgegennimmt. Ich glaube vielmehr, daß dieser Hintergrund mehr Verwaltungslatein als Realität war. Sei dem, wie es sei. Der Reiz des Verwaltens, nämlich der Reiz des Gestaltens,

---
[54] Umfassend *Dagtoglou*, Kollegialorgane und Kollegialakte der Verwaltung, res publica, Heft 4, 1960.
[55] BVerfGE 9, 268 ff.

besteht. Er ist gekoppelt mit der zu tragenden Verantwortung des Beamten für seine Entscheidungen. Die Ausschußverwaltung läßt dafür nur mehr wenig Raum. Der Beamte ist an den Mehrheitsbeschluß gebunden. Das wäre nichts Besonderes, wenn auch die Verantwortung den Ausschuß, ähnlich wie die Kammern oder die Senate der Gerichte, gemeinsam treffen würde. De jure mag das der Fall sein. De facto ist es anders, denn der Beamte muß die vielleicht gegen seine Überzeugung entstandene Entscheidung vor dem Forum der Verwaltungsgerichte unmittelbar oder vermittelt durch die Landesanwaltschaft vertreten.

Ähnliche Bedenken bestehen gegen die Rücksichtnahme auf parteipolitische Konstellationen. Der Behördenchef, ob Landrat oder Oberbürgermeister, ist — soweit er Zeitbeamter oder gewählter Beamter ist — vielfach menschlich überfordert, falls man das Unterlassen politischen, nicht rechtlichen Taktierens bei ihm generell unterstellt. Die Gefahr des mangelnden Stehvermögens gegenüber politischen Ingerenzen ist besonders dort zu suchen, wo die Möglichkeit der Abwahl von Wahlbeamten besteht. Das BVerfG hat die Abwahl verfassungsrechtlich anerkannt[56]. Ich stehe im Lager derjenigen, die ihre Bedenken gegen diese Möglichkeit durch das BVerfG nicht ausgeräumt sehen. Die auch für die Verwaltung existenznotwendige Unabhängigkeit gegenüber politischen Einflußnahmen — soweit sie über die Leitung durch die Regierung hinausgehen — wird durch diese oder ähnliche Institute bedroht. Die Gefahren liegen in der mehr (partei-)politisch als rechtlich gefärbten Ingerenz auf den Gesetzesvollzug.

Der Jurist hat selbstverständlich zur Lösung dieser Probleme Schwerter mit klirrender Schärfe in der Rüstkammer: Verweigerung des Befehls, Remonstration[57], Flucht in die Öffentlichkeit u. dgl. m. Alles Waffen, die auf Heroen zugeschnitten sind. Es bedürfte sorgfältiger Tatsachenforschung, um das Verhältnis der casus belli und dem Ergreifen dieser Waffen offenzulegen. Vielleicht ist solches Material nur von den in Wagnerscher Frist posthum veröffentlichten Memoiren länger gedienter Verwaltungsbeamter in mehreren Jahrhunderten zu erwarten. Vielleicht auch nie. So bleibt nur der Rekurs auf die der Beurteilung des Lesers überlassene Vermutung, daß das juristische Rüstzeug nur in seltenen Fällen zum Einsatz kommt. Wirksame Bereinigung dieser

---
[56] BVerfGE 7, 155 ff.
[57] Vgl. z. B. § 56 BundesbeamtenG i. d. F. vom 1. 10. 1961 (BGBl. I, S 1802).

Problematik ist in dem Zurückdrängen, wenn möglich der Beseitigung der Ausschüsse zu sehen. Will man auf das Positive dieser Verwaltungsart nicht verzichten, dann mag man ein Anhörungsrecht der Verbandsvertreter oder der politischen Parteien statuieren.

VI.

Von diesen durch das große Gebiet des Beamtenrechts veranlaßten Bemerkungen führt der Weg zu einem allgemeinen Problem heran. Mit Recht hat Ule[58] festgestellt, daß die Entwicklung in den letzten Jahren zu einer Annäherung von Beamtenrecht und Arbeitsrecht geführt hat. Dem ist hinzuzufügen: die Entwicklung führte zu einer Verwischung der Grenzen zwischen Zivilrecht und öffentlichem Recht allgemein. Welches der beiden Rechtsgebiete der Kaminfeger und welches der Müller in diesem Annäherungsprozeß ist, soll hier dahinstehen. Ich glaube, daß jedes der beiden Rechtsgebiete dem anderen Farbe abnimmt. Vielleicht wird das Zivilrecht schwärzer als das öffentliche Recht weiß — wenn ich als Vertreter des öffentlichen Rechts diese Disziplin einmal mit dem Kaminfeger vergleichen darf.

Für das Verwaltungsrecht stellt sich die Frage, inwieweit sich die Verwaltung beim Handeln in privatrechtlichen Formen den zur Zeit noch stärkeren Fesseln des öffentlichen Rechts entziehen kann. Dem Kundigen genügt der Verweis auf die sog. Daseinsvorsorge und das Stichwort Verwaltungsprivatrecht, um den großen Umfang des angesprochenen Problemfeldes zu erkennen. Ich möchte auf diese Probleme, die in anderem Zusammenhang erörtert wurden[59], hier nicht detailliert eingehen. Nur eine Seite soll hier anklingen. Das sog. Fernsehurteil hat, soweit es sich um das Problem der Anwendung verfassungsrechtlicher Kompetenzen auf die fiskalische Verwaltung handelt, gleichsam ein Zwischenergebnis von großer Tragweite formuliert[60]. In für eine so umstrittene Frage erstaunlicher Knappheit hat es auch die in privatrechtlichen Formen abgewickelte Verwaltungstätigkeit unter die Kompetenzregeln der Verfassung gestellt, wenn die Tätigkeit auf die Erfüllung öffentlicher Aufgaben abgestellt ist. Mit Hilfe der Erstrechtlogik kann mühelos der Schluß gezogen werden, daß Gleiches auch für die

---
[58] Entwicklungstendenzen im Beamtenrecht, Juristen-Jahrbuch, 2. Bd., 1961/62, S. 212 ff.
[59] Referate von *Mallmann* und Karl *Zeidler*, a.a.O. (Anm. 16), S. 165 ff.
[60] BVerfGE 12, 205 ff., Leitsatz 8 und S. 243 ff.; vgl. dazu meine Kritik, a.a.O. (Anm. 4), S. 397 f.

Grundrechtsbindung bezüglich des Fiskus zu gelten habe. Ich halte die Argumentation des BVerfG im Ansatz für verfehlt, in der Tendenz für richtig. Nur wer heute noch auf dem Boden des zweigeteilten Staates, des Staates als Hoheitsträger und des Staates als Privatmann steht, kann die Leugnung der verfassungsrechtlichen Bindung aller staatlichen Tätigkeit gutheißen. Daß dabei die Lösung nicht mit Hilfe des Begriffs der öffentlichen Aufgabe gefunden werden kann, habe ich an anderer Stelle ausgeführt[61].

VII.

Zum Schluß ist ein Punkt, der mit Art. 34 GG und Art. 14 GG in Berührung steht, noch einmal aufzugreifen. Es geht um die Probleme der Haftung, um Probleme, die erst jüngst auf der Freiburger Staatsrechtslehrertagung diskutiert wurden[62]. Vor Drucklegung der Referate und der Diskussionsbeiträge kann eine Auseinandersetzung mit den hier vorgetragenen Gedanken nicht stattfinden. Ich beschränke mich auf die Andeutung der eigenen Position.

Wir stehen vor der Situation, daß der Mantel, der mit Amtspflichtverletzung, Aufopferung und Enteignung umschriebenen Institute des Ersatzleistungsrechts zu eng geworden ist, um die Fälle zu decken, in denen weder Schuld im Spiele ist, noch die Kategorien rechtswidrig und rechtmäßig passen, weil menschliches Tun oder Unterlassen fehlt. Die Diagnose ist nicht im Streit befangen. Bezüglich der Lösungen des Problems läßt sich eine einheitliche Tendenz jetzt noch nicht erkennen. Vereinfachend dargestellt lassen sich etwa folgende drei Lösungswege erkennen: a) Ausweitung der Amtshaftung und Anwendung auch dann, wenn schuldhaftes Handeln nicht vorliegt, ja sogar dann, wenn es sich um reines Versagen maschineller Tätigkeit handelt[63]; b) möglichst weite Ausdehnung des Aufopferungsanspruchs[64]; c) Lösung im Wege der Gefährdungshaftung oder einer besonderen Garantiehaftung[65].

Gegen die Ausweitung der Amtshaftung, die, das ist zuzugeben, bereits heute nahezu uferlos ist, spreche ich mich ganz entschieden aus. Mit einer gewissen Rührung kann das Bemühen der Gerichte verfolgt werden, Schuld dort zu bejahen, wo es sich einfach schlicht

---
[61] Vgl. oben, Anm. 16.
[62] VVDStRL, Heft 20, 1962: Referate von *Jaenicke* und *Leisner*.
[63] Dafür tritt vor allem *Leisner*, a.a.O., ein.
[64] Vgl. z. B. *Schack*, Gefährdungshaftung auf dem Gebiete des deutschen öffentlichen Rechts, DÖV, 1961, S. 728 ff.
[65] Vgl. dazu *Forsthoff*, a.a.O. (Anm. 6), S. 315 ff.; K. *Zeidler*, a.a.O. (Anm. 35); *Jaenicke*, a.a.O.

um Risiko handelt. Das Konstruieren von Schuld, wo nach allgemeiner Lebenserfahrung kein Vorwurf berechtigt ist, hat eine positive und eine negative Seite. Positiv daran ist, daß daraus das Bemühen der Richter erhellt, gerechte Lösungen mit den untauglichen gesetzlichen Mitteln zu finden. Der favor legis zwingt so die Gerichte zu oft absurden Konstruktionen. Bei aller Kritik an dieser Praxis empfinde ich es als erfreulich, daß sich die Gerichte doch noch an dem Wortlaut des Gesetzes orientieren und sich nicht darüber hinwegsetzen, wie das wohl *Leisner* tut[66]. Das letzte Wort zugunsten des Richterstaates und gegen den Gesetzesstaat ist offenbar auch in den Reihen der Gerichte noch nicht gesprochen, wenn als Abbreviatur diese Schlagworte hier gestattet sind.

Negativ zu bewerten ist jedenfalls, daß vernünftige Ergebnisse nach der heutigen Rechtslage häufig nur auf dem Rücken der Beamtenschaft gefunden werden können, nämlich nur mit Hilfe des allseits als ungerechtfertigt empfundenen Schuldvorwurfs. Das vielfach ungerechtfertigte Verdikt, seine Amtspflicht nicht ordnungsgemäß erfüllt zu haben, ist das Medium für die Zurechnung von Ersatzleistungen. Unter diesem Aspekt findet sich bei diesem scheinbar rein dogmatischen Streit eine bemerkenswerte Parallele zu dem bereits oben angeschnittenen Personalproblem. Eine Rechtsordnung kann sich nicht ungestraft auf lange Sicht derartige Diskriminierungen der Mitträger dieser Ordnung leisten.

Nun zur Aufopferung und Enteignung: Beide Institute passen für unsere Fälle deshalb nicht, weil sie, abgesehen von dem auf eine menschliche Handlung verweisenden Begriff des Eingriffs, wesensmäßig mit den Kategorien rechtmäßig — rechtswidrig verbunden sind. Diese Kategorien — das hängt mit dem Recht als Ordnung unter Menschen zusammen — passen für maschinelle Fehler nicht. Der jüngst eingeführte Terminus objektiver Rechtswidrigkeit kann diesen Zusammenhang allenfalls verschleiern, keineswegs aber zerstören. Zum Beleg für die fundamentale Bedeutung dieser Relation genügt der Verweis auf die saubere Formulierung der Notwehr- und Notstandsbestimmungen im Strafgesetzbuch.

Mein Votum gehört dem dritten Weg. In den Fällen, in denen Amtshaftung und Aufopferung und Enteignung entweder wegen des Wortlauts oder wegen des Wesens dieser Institute nicht passen, muß der Ausweg über die Gefährdungshaftung oder besondere

---

[66] A.a.O. (Anm. 62); vgl. dazu die Berichte von *Bullinger*, JZ, 1961, S. 708 ff., und *Salzwedel*, AöR 87, 1962, S. 82 ff.

Garantiehaftung gefunden werden. Terminologische Fragen haben selbstverständlich absolut viertrangige Bedeutung. Problematisch ist die Frage, ob dieser Haftungsart de lege lata oder de lege ferenda das Wort geredet wird. Von meiner Konzeption aus, die — um die Schlagworte zu verwenden — dem Gesetzesstaat zumindest gleiche Sympathien entgegenbringt wie dem Richterstaat, ist der Ruf nach dem Gesetzgeber näher als die Preisgabe dieser Probleme allein an den Richter. Nur am Rande sei bemerkt, daß der vielfach kritisierte Ruf nach dem Gesetzgeber für mich weder in diesem Zusammenhang noch sonst anstößig ist. Im konkreten Bereich scheint die Aktivität des Gesetzgebers unerläßlich zu sein, genau so wie z. B. bei dem Komplex der Atomenergie und bei anderen neuartigen Sachverhalten.

Gefährdungshaftung oder Garantiehaftung ist Haftung für Risiko, ausgelöst durch eine Gefahrenlage. Nur wer den Gefahrenbegriff einseitig verengt, kann die prinzipielle Gleichartigkeit der von einem Kraftfahrzeug, Flugzeug u. dgl. m. ausgehenden Gefahr mit der von der Verkehrsampel, dem Elektronenrechner usw. ausgehenden negieren. Gleich wenig vermag die angeblich anders geartete Interessenlage, anders geartet als im Zivilrecht, bei den in der Verwaltung registrierbaren Beispielen zu überzeugen. Das Interesse des Bürgers an rationeller Verwaltung, die ursächlich, zumindest mitursächlich für den Einbruch der Technik ist, kann nicht übersehen werden.

Problematisch ist, wie gesagt, das Fehlen der Maßstäbe für die Risikoverteilung. Hier wird der Gesetzgeber das letzte Wort behalten müssen. Ob eine Umakzentuierung des vorwiegend individualistisch orientierten Denkens dabei unvermeidlich ist, scheint mir der kritische Punkt dieser Problematik zu sein. Eines steht für mich fest. Wir stehen hier vor der Frage, die nicht in das Modell einer dem Staat desinteressiert oder gar als Gegner gegenüberstehenden Bürgerschaft paßt. Wir sind weit entfernt von seiner befriedigenden Lösung. Nimmt aber die Entwicklung den auch hier diagnostizierten Verlauf, dann werden wir nur dann der Dinge Herr werden, wenn wir das Staat-Bürgerverhältnis von Grund auf neu zur Diskussion stellen. Wir werden uns wieder stärker auf das Sprichwort besinnen müssen: wer den guten Tropfen genießt, soll auch den bitteren trinken. Der bittere Tropfen wird dabei nicht nur im Steuerbescheid zu finden sein.

Printed by Libri Plureos GmbH
in Hamburg, Germany